Victor Bibescu

Die gesellschaftliche Verantwortung der Wirtschaftsinformatik

GRIN Verlag

Bibliografische Information der Deutschen Nationalbibliothek:

Die Deutsche Bibliothek verzeichnet diese Publikation in der Deutschen National-
bibliografie; detaillierte bibliografische Daten sind im Internet über http://dnb.d-
nb.de/ abrufbar.

Impressum:

Copyright © 2011 GRIN Verlag GmbH
Druck und Bindung: Books on Demand GmbH, Norderstedt Germany
ISBN: 978-3-640-84375-6

Dieses Buch bei GRIN:

http://www.grin.com/de/e-book/167752/die-gesellschaftliche-verantwortung-der-
wirtschaftsinformatik

GRIN - Your knowledge has value

Der GRIN Verlag publiziert seit 1998 wissenschaftliche Arbeiten von Studenten, Hochschullehrern und anderen Akademikern als eBook und gedrucktes Buch. Die Verlagswebsite www.grin.com ist die ideale Plattform zur Veröffentlichung von Hausarbeiten, Abschlussarbeiten, wissenschaftlichen Aufsätzen, Dissertationen und Fachbüchern.

Besuchen Sie uns im Internet:

http://www.grin.com/

http://www.facebook.com/grincom

http://www.twitter.com/grin_com

Die gesellschaftliche Verantwortung der Wirtschaftsinformatik

Victor Bibescu, Bachelor of Science in Information Systems

25.02.2011

Management Summary

Es kursieren viele Definitionen der Wirtschaftsinformatik und ihrer Kernaufgaben – die meisten allerdings konzentrieren sich „lediglich" auf die Abstimmung der IT und der Unternehmensstrategie.

Was aber, wenn die Wirtschaftsinformatik sich in der Non-Profit-Rolle sieht und dazu übergeht, Verantwortung für eine Organisation, ein Gesellschaftsgefüge oder eine Gemeinde zu übernehmen?

Im Zuge der steigenden Komplexität des Alltags kommen somit immer mehr und mehr Themen auf, mit denen man sich auseinandersetzen muss – dabei wird somit kritisch hinterfragt, welche Funktion die Wirtschaftsinformatik einnehmen kann, um an dieser Stelle proaktive Hilfestellung leisten zu können – sei es in Form eines Frühwarnsystems für Wirtschaftskrisen oder der Generierung von Methoden und Konzepten, um Computersysteme immer umweltschonender betreiben zu können.

Inhaltsverzeichnis

Abbildungsverzeichnis

1 Einleitung

Gesellschaftliche Verantwortung, Corporate Social Responsibility, Nachhaltigkeitsmanagement – dabei handelt es sich um Schlagwörter, die man heutzutage häufiger in der Presse und in entsprechenden Nachrichtenportalen vorfindet und die wiederum Assets darstellen, über die sich Unternehmen und Marken positionieren wollen (und können).

Wo genau liegt allerdings die gesellschaftliche Verantwortung? Wo fängt diese an, welche Teilgebiete werden umfasst und an welchen Endpunkten hört diese letztlich auf?

Diese Fragestellung wird in der vorliegenden Arbeit näher beleuchtet und exemplarisch darauf hin untersucht, ob die Wirtschaftsinformatik, als Querschnittsdisziplin aus BWL und Informationstechnologie ebenfalls über eine gesellschaftliche Verantwortung verfügt.

Anhand dieser Argumentation wird akribisch untersucht, inwieweit die Wirtschaftsinformatik ebenfalls die Bürde trägt, Wirtschaftskrisen im Vorfeld zu erkennen oder bestehende soziokulturelle Strukturen nachhaltig zu steuern und eine Entwicklung voranzutreiben.

2 Die gesellschaftliche Verantwortung der Wirtschaftsinformatik

Die Veränderung des Klimas, der fortwährende Schwund von natürlichen Ressourcen und auch die Immobilien- und Finanzmarktkrise sind Themen, die die Menschen in der jüngsten Vergangenheit bewegte und auch noch heute bewegt. Dabei handelt es sich um Themen, die zunehmend unser Leben beeinflussen. Das folgende Kapitel stellt die bereits genannten Themen näher vor und informiert inwiefern die Wirtschaftsinformatik ihrer gesellschaftlichen Verantwortung nachkommen und dazu beitragen kann, diese gesellschaftlichen Probleme besser in den Griff zu bekommen.

2.1 Corporate Social Responsibility in der Wirtschaftsinformatik

Im Zuge der Tatsache, dass Organisationen und Konzerne über Budgets und Einkommen verfügen, die stellenweise höher sind als die Steuereinnahmen ausgewählter Länder, muss man beginnen sich zu fragen, ob eine gesellschaftliche Verantwortung für Unternehmen und Konzerne nicht doch unabdingbar ist.

Hinter „Corporate Social Responsibility" verbirgt sich ein Thematik[1], die bisher bereits durchaus kontrovers diskutiert wurde. Auf seine Art verbindet damit allerdings jeder stets eine andere Form der Nachhaltigkeit – sei es im ökologischen Zusammenhang, im sozialen Gefüge durch die Patenschaft für Kinder in Entwicklungsländern oder in Form des Medienrummels, wenn Geschäftsführer und Partner selbst noch am „CSR-Day" im Kindergarten Unkraut jäten[2].

2.1.1 Nachhaltigkeitsmanagement

Corporate Social Responsibility hat unterschiedliche Ausprägungen und ist daher auch in der Literatur sehr vielschichtig aufgefasst. Generell wird darunter allerdings das Verständnis einer gesellschaftlichen Verantwortung für Unternehmen und Organisationen aufgefasst – die Implementierung einer Leitkultur, als Organisation innerhalb eines sozialen Gefüges nicht rücksichtslos zu wirtschaften und sich über Reglementierungen und Maxime hinweg zu setzen.

---

[1] O. A.: Corporate Social Responsibility, http://wirtschaftslexikon.gabler.de/Definition/corporate-social-responsibility.html; Zugriff 04.01.2011

[2] O. A.: KPMG in Deutschland motiviert mehr als 900 Mitarbeiter zu freiwilligem gesellschaftlichem Engagement, http://csr-news.net/main/2009/10/05/kpmg-in-deutschland-motiviert-mehr-als-900-mitarbeiter-zu-freiwilligem-gesellschaftlichem-engagement/; Zugriff 03.01.2011

Im Hinblick einer Philosophie des nachhaltigen Wirtschaftens, gehört es damit also dazu, dass in effizientem Maße mit dem Naturkapital umgegangen wird und natürliche Ressourcen nicht verschwendet werden.

Das Ziel des Nachhaltigkeitsmanagements ist an dieser Stelle also, nicht nur in einzelnen Disziplinen sparsam mit Rohstoffen und Ausgaben umzugehen, sondern eine gestaffelte Initiative zu fahren, die unternehmensweit angewendet wird. Die Umsetzung als solches geht über strategische Führungsinstrumente vonstatten – die Balanced Scorecard oder ein gut durchdachtes Nachhaltigkeitscontrolling stellen dabei nur zwei von mehreren Möglichkeiten dar.

Zu einem entsprechenden Nachhaltigkeitsmanagement gehört in diesem Zusammenhang allerdings auch das Reporting bzw. die Nachhaltigkeitskommunikation in Nachhaltigkeitsberichten um genau darüber zu informieren, welche Tätigkeiten, Initiativen und Leistungen gefahren wurden und zu welchem Ausmaß diese erfolgreich waren.

2.1.2 Leitfaden für gesellschaftliche Verantwortung von Organisationen

Wo fängt allerdings gesellschaftlich konformes Wirtschaften an und wie weit geht es als Initiave? Wie müssen Prozesse und Wertschöpfungsketten ausgestaltet werden, um an dieser Stelle anzusetzen und nachhaltig ökologisch und sozial zu wirtschaften?

Dahingehend gibt es unterschiedliche Initiativen, die versuchen an dieser Stelle Hilfestellung zu geben, um eine gestaffelte und einheitlich gesteuerte CSR-Philosophie zu vermitteln.

Mit der ISO 26000[3] wurde erstmalig ein Dokument[4] entwickelt und veröffentlicht, das in einem mehrjährigen Beratungsprozess die Expertisen[5] subsummiert, die zum Thema „Coporate Social Resposibility" gesammelt wurden. Dabei handelt es sich um keine Zertifizierung, sondern vielmehr um eine Anhäufung von Best Practices, die aus dem CSR-Umfeld stammen[6]. Der Inhalt stützt sich auf die zentralen Kernthemen, die im Zusammenhang mit CSR thematisiert werden.

---

[3] O. A.: Neuer CSR-Leitfaden von ISO umstritten, http://www.umweltdialog.de/umweltdialog/csr_news/2010-03-18_Neuer_CSR_Leitfaden_von_ISO_umstritten.php; Zugriff: 03.01.2011

[4] O. A.: ISO 26000 – Social resposibility, http://www.iso.org/iso/iso_catalogue/management_and_leadership_standards/social_responsibility/sr_discovering_iso26000.htm; Zugriff 03.01.2011

[5] Lenz, G.: CSR-Leitfaden ISO26000 verabschiedet, http://blog.lenz-consult.com/2010/11/csr-leitfaden-iso26000-verabschiedet/; Zugriff 03.01.2011

[6] O. A.: Corporate Social Responsibility (CSR): ISO 26000 ist ein Leitfaden, keine Management-Norm, https://www.personalpraxis24.de/aktuelles/?aktuelles_id=192595; Zugriff 03.01.2011

Abbildung 1: ISO 26000 Core Subjects[7]

So wurde von der ISO ein Führungsrahmen[8] geschaffen, anhand dessen man sich bei der Etablierung eines CSR-Konzepts entlanghangeln kann – dabei werden generelle Themen abgedeckt, wie beispielsweise der organisatorische Führungsrahmen[9], die Verwaltung von Kundenbeziehungen[10], die Relation zur Umwelt[11] etc.

Anhand der Beschreibung definierter Best Practices[12] für diese Teilbereiche des Unternehmens, ist es so möglich aufzuzeigen, wie ein CSR-Konzept zusammengestellt werden kann, das sich in ähnlichen Konstellationen bereits bewährt hat.

Ebenfalls gibt es hier Unternehmensberatungen, die sich auf die Etablierung von CSR-Leitkulturen spezialisieren und diesen Gedanken ins Unternehmen tragen[13].

---

[7] Entnommen aus:
http://www.iso.org/iso/iso_catalogue/management_and_leadership_standards/social_respon
sibility/sr_discovering_iso26000.htm#std-6; Zugriff 03.01.2011

[8] Oberhofer P., Norm standardisiert Corporate Social Responsibility, http://www.business-
wissen.de/unternehmensfuehrung/iso-26000-norm-standardisiert-corporate-social-
responsibility/; Zugriff 12.01.2011

[9] O. A.: ISO 26000 geht an den Start, http://www.nachhaltigwirtschaften.net/scripts/basics/eco-
world/wirtschaft/basics.prg?session=42f941b04ccffd7b_33855&a_no=3858; Zugriff
01.01.2011

[10] O. A.: ISO 26000 – weltweite Zustimmung,
http://www.imug.de/index2.php?option=com_content&do_pdf=1&id=3; Zugriff 12.01.2011

[11] O. A.: ISO 26000 auf einen Blick, http://www.vzbv.de/mediapics/iso_26000_im_berblick.pdf;
Zugriff 09.01.2011

[12] O. A. CSR-Norm ISO 26000 in diesem Jahr auf der Zielgeraden, http://csr-
news.net/main/2010/01/07/csr-norm-iso-26000-in-diesem-jahr-auf-der-zielgeraden/; Zugriff
01.01.2011

[13] O. A.: Nachhaltigkeit: Für ein Unternehmen ein doppelter Gewinn,
http://www.kpmg.de/Themen/14446.htm?WT.srch=1; zugriff 03.01.2011

2.1.3 Wertbeitrag Betrieblicher (Umwelt)-Informationssysteme – Ansatzpunkt der Wirtschaftsinformatik

Nachhaltiges Wirtschaften also als Schlüsselfaktor, als Organisation Verantwortung für die eigene Belegschaft und für das soziale Gefüge, in dem man ansässig ist, zu übernehmen? Wo ergibt sich allerdings hierbei der Ansatzpunkt für die Wirtschaftsinformatik, diese Leitkultur zu unterstützen und die Etablierung dieses Konzeptes voranzutragen?

Eine der Initiativen in diesem Zusammenhang stellen betriebliche Umweltinformationssysteme dar.

Betriebliche Umweltinformationssysteme befassen sich mit der Aufgabe, umweltrelevante Daten und Informationen in einem Betrieb systematisch zu erfassen und zu verwalten: dabei konzentrieren sich diese Softwaresysteme auf Umweltdaten, wie beispielsweise Abfälle, Energieverbräuche oder ausgestoßene Emissionen und der damit verbundenen monetären Umrechnung.

In diesem Kontext bieten betriebliche Umweltinformationssysteme[14] die Möglichkeit, den Planungs- und Entscheidungsprozess zu unterstützen und somit einen zusätzlichen Wertbeitrag für das Nachhaltigkeitsmanagement zu leisten. Hier können maschinell und automatisiert Alternativen aufgezeigt und komplexe Sachzusammenhänge erkannt werden. So könnte eines der Szenarien sein, an dieser Stelle anzusetzen und durch eine proaktive Steuerung immer genauere und präzisere Prognosen anfertigen zu können, um bspw. Verbräuche zu minimalisieren etc.

Betriebliche Umweltinformationssysteme[15] haben allerdings dieselben Grenzen und Schwächen wie übliche Customer Relationship Management-Systeme, Business Intelligence-Systeme etc. – ihre Aussagekraft steht und fällt mit der entsprechenden Datenqualität, die Berichte, Reports und Analysen eben voraussetzen. Ebenfalls muss auch hierbei berücksichtigt werden, dass viele Informationen spekulativ sind und extrapoliert werden – daher sind Prognosen und Auswertungen, die Zukunft betreffend, natürlich nur bedingt stichhaltig.

Hier besteht die Möglichkeit für die Wirtschaftsinformatik anzusetzen, und die Planungsprozesse und die Generierung von Prognosen im Hintergrund noch effizienter und verlässlicher auszugestalten und genaue Aussagen darüber treffen zu können, wie sich Trends und Richtungen entwickeln, die das Nachhaltigkeitsmanagement einer Organisation tangieren. Dieses Ziel wird durch die entsprechende Verwendung präziser Algorithmen und Heuristiken gewährleistet und kann so ebenfalls einen Beitrag leisten.

---

[14] Rey, U.: Forschungsbericht FZKA-BWPLUS – Internet-Katalog betrieblicher Umweltinformationssysteme, http://bwplus.fzk.de/berichte/SBer/BWA20015SBer.pdf
[15] O. A.: SAP EHS Management – Implement your environment, health, and safety strategies, http://www.sap.com/solutions/business-suite/erp/corporate_services/ehs/index.epx; Zugriff 01.01.2011

2.2 Die Verantwortung der Wirtschaftsinformatik für die Finanzmarktkrise

Die Wirtschaftsinformatik hat als Interdisziplin aus Informatik und BWL die Brücke geschlagen zwischen der eigentlichen Steuerung eines Unternehmens und dem Management der Prozesse durch IT-Unterstützung oder der effizienten Organisation von Informationen. Eine ihrer größten Errungenschaften bleiben nach wie vor Entscheidungsunterstützende Systeme, die lernfähig sind und sich auch in diesem Zusammenhang immer dynamisch auf ihre Umwelt einstellen - somit dürfte bei einer entsprechenden Vorlaufzeit die eigentliche Aufdeckung von Risiken immer effektiver werden[16].

In diesem Zusammenhang manifestiert sich ebenfalls die Frage, welchen Beitrag die Wirtschaftsinformatik für die Finanzmarktkrise bzw. durch das Verfehlen zu einem früheren Zeitpunkt darauf hinzuweisen, beispielsweise durch ein laufendes Monitoring entsprechender Kennzahlen des Finanzmarktes.

Die beteiligten Akteure, die zwar nicht alleine, allerdings im Kollektiv die Verantwortung für die Entstehung der Finanzmarktkrise tragen, sind Notenbanken, Ratingagenturen etc. – an und für sich Organisationen, deren Agieren durch finanzmathematische Modelle gesteuert wird und auch mit Informationssystemen erfasst, die diese Modelle überwachen und durchspielen[17].

So wäre die passende Fragestellung, inwieweit ein Versäumnis eines passenden Risiko-Reporting an dieser Stelle ebenfalls eine Teilschuld dazu trägt, wie das Konstrukt aus „faulen" Krediten[18] eingestürzt ist und letztlich eine globale Finanzmarktkrise ausgelöst hat.

Bevor allerdings näher darauf eingegangen und evaluiert werden kann, wo die WI zentrale Ansatzpunkte gehabt hätte für Präventivmaßnahmen, muss auch definiert werden, was das eigentliche Profil der Wirtschaftsinformatik ausmacht und letztlich auch, was die Kernaufgabe dieser Interdisziplin darstellt.

Laut der Aussage von Prof. Dr. Mertens, einem der Gründerväter der Wirtschaftsinformatik und dem ersten Lehrstuhlinhaber für Wirtschaftsinformatik in Deutschland, handelt es sich bei der Wirtschaftsinformatik um

---

[16] Gabriel R., Entscheidungsunterstützungssystem, http://www.enzyklopaedie-der-wirtschaftsinformatik.de/wi-enzyklopaedie/lexikon/uebergreifendes/Kontext-und-Grundlagen/Informationssystem/Entscheidungsunterstutzungssystem; Zugriff 01.12.2010

[17] Baecker D., Zweimal null ist eins, http://www.taz.de/1/zukunft/wirtschaft/artikel/1/zweimal-null-ist-eins/; Zugriff 12.12.2010

[18] O. A.: Kreditversicherer vor der Pleite, http://www.focus.de/finanzen/news/unternehmen/us-immobilienkrise-kreditversicherer-vor-der-pleite_aid_567747.html; Zugriff 12.12.2010

„Wirtschaftsinformatik [...] befasst sich mit der Konzeption, Entwicklung, Einführung, Wartung und Nutzung von Systemen, in denen die computergestützte Informationsverarbeitung [...] im Betrieb angewandt wird (Mertens)"[19]

Prof. Dr. Krcmar, einer der führenden deutschen Wirtschaftsinformatiker, hingegen vertritt die Auffassung:

Gegenstand der WI sind Informations- und Kommunikationssysteme in Wirtschaft und Verwaltung.[20]

2.2.1 Entstehung der Immobilien- bzw. Finanzmarktkrise

Was genau wird nun also unter der Immobilien- bzw. unter der sogenannten „Subprimekrise" verstanden?

Im Anschluss des Zusammenfalls der sogenannten Dotcom-Blase und den Anschlägen des 11. Septembers wurden die damaligen Leitzinsen in den vereinigten Staaten mehrfach gesenkt. Dieser Schritt hatte weiterhin zur Folge, dass Kredite verbilligt wurden und ferner die Investitionsbereitschaft gefördert wurde.

Dieser Effekt, der sich anfangs noch als sehr förderlich erwies, hatte langfristige Konsequenzen, die sich auch erst im Nachhinein rausstellten. Anfänglich sind verbilligte Kredite ja ein Anreiz dafür, Kapital aufzunehmen und dieses wieder weiter zu investieren mit dem Ziel natürlich, erneut Kapital zu erwirtschaften. Das Risiko war hierbei geringer, da die Zinsspanne gesenkt wurde. Diese Reglementierung, die als „Selbstheilungskräfte des Marktes" gewertet wurde, trat geradezu eine Kreditwelle fort.

Die direkten Folgen der Kreditwelle? Ein kurzfristiger Konjunkturanschwung, der gleichzeitig die Beschäftigung ansteigen ließ und einen nicht ganz unerheblichen Teil der amerikanischen Wirtschaft mit entsprechender Kaufkraft versorgte.

Im weiteren Schritt begann so geradezu ein regelrechter Ansturm auf den Immobilienmarkt[21] und damit verbunden letztlich auch einen Anstieg der Immobilienpreise auf dem amerikanischen Markt. In Verbindung mit dem Angebot an günstigen Krediten wurden so Grundstücke und Immobilien finanziert und auf Kredit bzw. auf Hypotheken gekauft.

---

[19] O. A.: Wirtschaftsinformatik: Grundlagen der WI, http://www.it-infothek.de/fhtw/grund_wi_01.html; Zugriff 12.12.2010

[20] Prof. Dr. H. Krcmar, Vorlesung: Grundlagen der Wirtschaftsinformatik, http://www.sysedv.tu-berlin.de/intranet/kc-kb.nsf/26e1753f5497bb0cc12569a50048ee1a/4F92361183795F29C1256CD30039060D/$Fil e/EUS+-+EIS+-+DataWareHouse.pdf?OpenElement; Zugriff 12.12.2010

[21] Benders R., Maisch M., Immobilienkrise 2.0 im Anmarsch, http://www.handelsblatt.com/finanzen/immobilien-vorsorge/experten-warnen-immobilienkrise-2-0-im-anmarsch;2529669; Zugriff 12.12.2010

Durch die Bestimmungen der amerikanischen Kreditvergaberichtlinien wurde der Markt für sogenannte „Subprime"-Kredite ebenfalls sehr lukrativ[22] – dabei handelt es sich um Verbraucher, deren Kreditwürdigkeit durch ein geringeres Einkommen gekennzeichnet war und sich letztlich in – für Kreditinstitute – höheren Zinsen auf vergebene Kredite wiederspiegelte. Durch staatliche Regulierungen waren auch Steuerersparnisse an Kreditvergaben gekoppelt.

Ein späterer Anstieg des Leitzinses[23] (als Präventivmaßnahme vor einer möglichen Inflation[24]) hatte letztlich so zur Folge, dass im weiteren Zusammenspiel mehrere Kredittilgungen wegbrachen und nicht mehr bedient werden konnten. Im Zuge eines Domino-Effektes wurden so Immobilien in recht kurzer Zeit zwangsveräußert, sodass ein Überangebot entstand.

Dieses Überangebot führte dazu, dass die als Sicherheit gedachten Immobilien nicht mehr in der Lage waren, als Sicherheiten für die ausgestellten Kredite zu fungieren.

Im Zusammenhang mit bewusst falsch bewerteten Krediten durch Ratingagenturen wurden so Kredite wesentlich attraktiver gehandelt, was die Nachfrage nach Hypotheken ebenfalls antrieb. In diesem Gerüst fielen dann Tilgungen reihenweise aus. So brach das Konstrukt um die Subprime-Kredite zusammen und die entsprechenden Banken mussten einen Großteil der Kredite abschreiben.

Die Auswirkung der Immobilienkrise auf den Rest der Welt manifestierte sich in diesem Zusammenhang durch die internationalen Beziehungen und Abhängigkeiten der USA als Exportmacht und natürlich auch durch die Beteiligung anderer Banken an der amerikanischen Immobiliennachfrage.

2.2.2 Ansatzpunkte für die Wirtschaftsinformatik

Wie hätte die Wirtschaftsinformatik also dieses komplette Konstrukt also, bestehend aus falsch bewerteten Krediten, künstlich erzeugten Nachfragen und Regulierungen des Leitzinses, vor dem Einsturz retten oder gar frühzeitig unterbinden können?

Die Automatisierung birgt natürlich häufig im finanzwirtschaftlichen Sektor Gefahren, fehlerhafte Entscheidungen zu treffen. Hier wäre auch das entsprechende Urteilsvermögen und die Erfahrung einer Führungskraft gefordert.

Die Vereinfachung von Abläufen und Prozessen durch entsprechende Entscheidungsmodelle geht beispielsweise auch in anderen Sektoren, in denen Entscheidungsunterstützende-Systeme verwendet werden, vonstatten. Allerdings bilden auch diese nur

---

[22] Sartor R., Von der Finanzmarkt- zur Wirtschaftskrise?, http://www.tagesschau.de/wirtschaft/finanzmarktkrise152.html; Zugriff 12.12.2010

[23] Krüger A.: Fragen und Antworten zur Immobilienkrise, http://www.tagesschau.de/wirtschaft/immobilienkrise16.html; Zugriff 12.12.2010

[24] O. A.: Was passiert bei einer Leitzinssenkung? http://www.tagesschau.de/wirtschaft/leitzins16.html; Zugriff 12.12.2010

einen vereinfachten Teil der realen Komplexität nach[25] – hier können feinere Abstimmungen beispielsweise schon bewertbare Kriterien sein, die bei der maschinellen Auswertung durch ein vorher definiertes Raster fallen können. In diesem Zusammenhang spielt so die Anreihung der Annahmen eine wichtige Rolle – welche Kriterien wurde für eine Entscheidung erfüllt? Wurden alle, oder nur der Großteil erfüllt? Zu welchem Grad wurden alle Kriterien erfüllt?

Somit trägt jedes Entscheidungsmodell ein entsprechendes Risiko der Fehlinterpretation von Entscheidungen. In diesem Zusammenhang ist es gängig bei Entscheidungsunterstützungs-Systemen die entsprechende Fülle an Informationen zu analysieren und daraus unterschiedliche Handlungsempfehlungen abzuleiten, die eine Führungskraft letztlich immer noch selbst steuert[26].

Die für die Verursachung der Krise erwähnten finanzmathematischen Modelle bilden ebenfalls ein Gerüst aus Vermutungen und Extrapolationen – auch hier wäre fraglich, zu welchem Grad eine Automatisierung unterstützend wirken könnte, bzw. hätte wirken können, um weitreichende negative Auswirkungen zu vermeiden.

Ein Ansatzpunkt in diesem Zusammenhang könnte beispielsweise sein, die Rückverfolgbarkeit von Wertpapieren durch den Einsatz eines Informationssystems gewährleisten zu können, sodass diese auch auf die ursprünglichen Kredite zurückgeführt hätten werden können. Diese Transparenz wäre ein Ansatz, um den beteiligten Banken mehr Informationen hinsichtlich getätigter Wertpapiergeschäfte zur Verfügung stellen zu können.

Eine weitere Ursache für das Versäumnis der gegebenen IT-Infrastruktur auf entsprechende Unregelmäßigkeiten oder Frühindikatoren einer möglichen eintretenden Krise hinzudeuten wären beispielsweise auch die technischen Mängel im Risiko- und Portfoliomangement der Investoren[27].

Ebenfalls anzuprangern ist die Tatsache, dass im Bankensektor häufig mit Erfahrungswerten gearbeitet wird. Bei der entstandenen Finanz- bzw. Immobilienkrise gibt es allerdings keine Aufzeichnungen bzw. Erfahrungswerte, auf die im Rahmen einer Präventivmaßnahme hätte zurückgegriffen werden können.

Einer der Hauptargumente, der das Versagen bzw. die Versäumnis der Wirtschaftsinformatik in der entstandenen Krise begründet ist die unzureichende kritische Prüfung verwendeten und eingesetzten Modelle für die Bewertung von Krediten oder für die Aktionen und Transaktionen an den Finanzmärkten[28]. Auch wenn es sich hierbei eher um die Domäne der Finanzmathematik handelt, spielt die Wirtschaftsinformatik den-

[25] P. Bartmann: Die Verantwortung der Wirtschaftsinformatik für die Finanzmarktkrise. In: Informatik-Spektrum, 2009, Ausgabe 32, S. 46-59
[26] P. Bartmann, Prof. Dr. H. U. Buhl, M. Hertel: Ursachen und Auswirkungen der Subprime-Krise. In: Informatik-Spektrum, 2009, Ausgabe 32, S. 11-45
[27] P. Bartmann, Prof. Dr. H. U. Buhl, M. Hertel: Ursachen und Auswirkungen der Subprime-Krise. In: Informatik-Spektrum, 2009, Ausgabe 32, S. 11-45
[28] P. Bartmann: Die Verantwortung der Wirtschaftsinformatik für die Finanzmarktkrise. In: Informatik-Spektrum, 2009, Ausgabe 32, S. 46-59

noch eine entscheidende Rolle im Umgang mit den eingesetzten (Entscheidungsunter-stützungs-)Informationssystemen[29].

Ein weiterer Aspekt könnte in der Verbreitung von entsprechenden Modellen und Ent-scheidungsunterstützungs-Systemen liegen: sofern alle Marktteilnehmer die gleichen Modelle verwenden würden, könnte eine gleiche oder ggf. ähnliche Erwartungshaltung an den Tag gelegt werden. An dieser Stelle sei ebenfalls darauf hingewiesen, dass bei der Konzeption und Entwicklung von Entscheidungsunterstützungssystemen[30] generell auch Abweichungen in Form von eintretenden Krisen zu berücksichtigen sein sollten. Diese wären beispielsweise im vorliegenden Fall in Form ausbleibenden Kredittilgun-gen möglich gewesen, die als Frühindikatoren[31] hätten aufgezeigt werden können[32].

2.3 Die Verantwortung der Wirtschaftsinformatik für unseren Planeten

Die Dynamik der Wirtschaft war immer – vereinfacht gesprochen – ein stetiger Wech-sel zwischen Boom und Rezession. So war man bisher immer der Information gewahr, dass der Aufschwung sicherlich früher oder später auf der Tagesordnung stünde und man die Krisenzeiten nur ausharren und darauf warten müsste.

Wie geht man allerdings damit um, wenn man sich in einer Krise befindet, die den nächsten Aufschwung nicht mehr einläuten kann, da die zur Verfügung stehenden Ressourcen nahezu erschöpft sind?

2.3.1 Umgang mit natürlichen Ressourcen

Energie und Wasser bilden für uns Menschen neben der Luft zwei der wichtigsten na-türlichen Ressourcen, auf die wir zum Leben angewiesen sind. Ohne Wasser wären wir nicht im Stande zu überleben und ohne Energie könnten wir uns nicht versorgen, geschweige denn unseren Alltag bestreiten. Somit stellen Wasser und Energie für uns Menschen essentielle Rohstoffe dar.

---

[29] P. Bartmann: Die Verantwortung der Wirtschaftsinformatik für die Finanzmarktkrise. In: Infor-matik-Spektrum, 2009, Ausgabe 32, S. 46-59

[30] Bloed P., Frühindikatoren – Signale für die Börse, http://www.focus.de/finanzen/boerse/tid-16737/fruehindikatoren-signale-fuer-die-boerse_aid_468023.html; Zugriff 12.12.2010

[31] Ludwig H., Warum nennt man bestimmte Konjunkturdaten „Frühindikatoren"?, http://www.boerse-online.de/leseraktionen/leserfragen/wirtschaft/489554.html; Zugriff 12.12.2010

[32] O. A., Pegelstand der wichtigsten konjunkturellen Frühindikatoren, http://www.wiwo.de/politik-weltwirtschaft/pegelstand-der-wichtigsten-konjunkturellen-fruehindikatoren-387605/; Zugriff 23.12.2010

Somit müssen wir Sorge dafür tragen, dass eben diese Rohstoffe auch weiterhin verfügbar bleiben und proaktiv eine „Ressourcenpreiskrise" vermeiden, die für uns Menschen existenzbedrohend werden könnte.

Ebenfalls im Hinblick auf die Bevölkerungszunahme der Erde muss damit kalkuliert werden, dass die Vorkommen an natürlichen Ressourcen einen jährlichen Zuwachs von ca. 80 Mio. Menschen[33] schultern können – bis 2045 wären es laut Hochrechnung der Vereinten Nationen mehr als 9 Mrd. Menschen in Summe auf der Welt. So würde sich der Wettlauf um einen globalen Ressourcenzugang deutlich verschärfen, wenn nicht bereits vorher Maßnahmen unternommen werden, um das Haushalten wesentlich effizienter zu gestalten.

Es gibt allerdings bereits Bemühungen, genau an diesen Punkten anzusetzen und mit Trinkwasser deutlich sparsamer umzugehen oder Energie sinnvoller einzusetzen[34].

2.3.2 Ansatzpunkt für die Wirtschaftsinformatik

In diesem Kontext manifestiert sich auch die Handlungsverantwortung der Wirtschaftsinformatik, die Rolle zu übernehmen, die Unternehmens-IT im Sinne eines ressourcenlenkenden Sensorensystems zu entwickeln, das die Aufgabe hat, eine intelligente Steuerung als Plattform zu implementieren, die ein ertrags- bzw. risikooptimiertes Ressourcenmanagement schafft und damit nachhaltig den Unternehmenswert gewährleistet[35].

Der technische Ansatzpunkt, für die Gewährleistung dieser Überwachung und Steuerung liegt in der Allgegenwart der Technologie im betrieblichen sowie auch im privaten Alltag.

Heutzutage wirkt sich der Grad an Vernetzung dominierend auf unsere Abläufe und Prozesse aus. Eben hier besteht die Möglichkeit, entsprechende Akteure unserer Umwelt mit künstlicher Intelligenz auszustatten, um selbstständig erkennen zu können, wo sich Potenziale ausfindig machen, um Energie oder Ressourcen zu sparen. Die Szenarien sind da durchaus beliebig erweiterbar:

- Intelligente Zimmerbeleuchtung, die automatisch das Licht ausschalten, wenn Jemand den Raum verlässt

---

[33] O. A., Weltbevölkerungsuhr, http://www.weltbevoelkerung.de/info-service/weltbevoelkerungsuhr.php?navid=3
; Zugriff 13.12.2010
[34] Prof. Dr. H. U. Buhl, M. Jetter: Die Verantwortung der WI für unseren Planeten. In: Wirtschaftsinformatik, 2009, Ausgabe 4, S. 317 - 320
[35] Prof. Dr. H. U. Buhl, M. Jetter: Die Verantwortung der WI für unseren Planeten. In: Wirtschaftsinformatik, 2009, Ausgabe 4, S. 317 - 320

- Vernetzung von (intelligenten) Systemen durch Smart Grids mit dem Ziel den Energieverbrauch zu optimieren[36]

Eine weitere Möglichkeit für die Wirtschaftsinformatik der steigenden Ressourcennachfrage Herr zu werden und diese auch in einem verantwortungsvollen Umgang regeln zu können liegt in der Aufdeckung von Einsparpotentialen durch effizientere Nutzung von IT-Anwendungen und der damit verbundenen Optimierung von Geschäftsprogressen[37].

Die Auswirkungen, die sich daraus wieder ableiten, wären stabilere und bessere Positionierungen, um auf kurzfristige Marktschwankungen reagieren zu können – in einem größeren und weiteren Zusammenhang betrachtet, stärkt und festigt das wiederum die Wirtschaft an sich und beugt einem Ketteneffekt, bei dem unterschiedliche Gruppen von Akteuren sich gegenseitig in einen Strudel aus Finanzierungsschwierigkeiten, Ressourcenknappheit und Wachstumsschwierigkeiten, mitziehen, vor.

---

[36] O. A., Smart Grid City, http://smartgridcity.xcelenergy.com/; Zugriff 20.12.2010
[37] Prof. Dr. H. U. Buhl, M. Jetter: Die Verantwortung der WI für unseren Planeten. In: Wirtschaftsinformatik, 2009, Ausgabe 4, S. 317 - 320

3 Fazit

Ethisches und sozial verträgliches Handeln in der globalisierten Welt des Kapitalismus – eine Herausforderung oder eine Pflicht?

Die vorliegende Arbeit hat sich mit der Fragestellung auseinander gesetzt, wie die Wirtschaftsinformatik im Jahr 2010 / 2011 dem Corporate Social Responsability-Trend gegenübersteht: dabei wurden mehrere Aspekte beleuchtet aus unterschiedlichen Blickpunkten, die evaluiert haben, welchen Beitrag die Wirtschaftsinformatik zur Abwendung oder der Vermeidung der Finanzkrise hätte leisten können – ebenso, wie die Sichtweise darüber, wie die effiziente Verwendung von Computern zur Minderung der Umweltbelastung und des weltweiten Energieverbrauchs führt.

Gegenstand dieser wissenschaftlichen Arbeit ist es, ein Bewusstsein dafür zu schaffen, dass zukunftsfähige Disziplinen, wie die Wirtschaftsinformatik es ist, durch ihre Verankerungen in der Betriebswirtschaft, sowohl als auch in der Informationstechnologie, einen wesentlichen Beitrag dazu leisten können, zum Einen durch Frühindikatoren vor Ressourcenkrisen und Wirtschaftsflauten zu warnen, allerdings zum Anderen auch proaktiv der Entstehung dieser Phänomene vorzubeugen und dadurch die Welt weiterhin im Gleichgewicht zu halten.

Literaturverzeichnis

Fachzeitschriften:

Buhl, H.; Laartz, J.; Löffler, M.; Röglinger, M.: Green IT reicht nicht aus!. in: Wirtschaftsinformatik & Management 1 (2009), S. 54 - 58.

Prof. Dr. H. U. Buhl, M. Jetter: Die Verantwortung der WI für unseren Planeten. In: Wirtschaftsinformatik, 2009, Ausgabe 4, S. 317 - 320

P. Bartmann, Prof. Dr. H. U. Buhl, M. Hertel: Ursachen und Auswirkungen der Subprime-Krise. In: Informatik-Spektrum, 2009, Ausgabe 32, S. 11-45

P. Bartmann: Die Verantwortung der Wirtschaftsinformatik für die Finanzmarktkrise. In: Informatik-Spektrum, 2009, Ausgabe 32, S. 46-59

Internetquellen:

Baecker D.: Zweimal null ist eins, http://www.taz.de/1/zukunft/wirtschaft/artikel/1/zweimal-null-ist-eins/; Zugriff 12.12.2010

Benders R., Maisch M.: Immobilienkrise 2.0 im Anmarsch, http://www.handelsblatt.com/finanzen/immobilien-vorsorge/experten-warnen-immobilienkrise-2-0-im-anmarsch;2529669; Zugriff 12.12.2010

Bloed P.: Frühindikatoren – Signale für die Börse, http://www.focus.de/finanzen/boerse/tid-16737/fruehindikatoren-signale-fuer-die-boerse_aid_468023.html; Zugriff 12.12.2010

Gabriel R.: Entscheidungsunterstützungssystem, http://www.enzyklopaedie-der-wirtschaftsinformatik.de/wi-enzyklopaedie/lexikon/uebergreifendes/Kontext-und-Grundlagen/Informationssystem/Entscheidungsunterstutzungssystem; Zugriff 01.12.2010

Krüger A.: Fragen und Antworten zur Immobilienkrise, http://www.tagesschau.de/wirtschaft/immobilienkrise16.html; Zugriff 12.12.2010

Lenz, G.: CSR-Leitfaden ISO26000 verabschiedet, http://blog.lenz-consult.com/2010/11/csr-leitfaden-iso26000-verabschiedet/; Zugriff 03.01.2011

Ludwig H.: Warum nennt man bestimmte Konjunkturdaten „Frühindikatoren"?, http://www.boerse-online.de/leseraktionen/leserfragen/wirtschaft/489554.html; Zugriff 12.12.2010

O. A.: Corporate Social Responsibility (CSR): ISO 26000 ist ein Leitfaden, keine Manage-ment-Norm, https://www.personalpraxis24.de/aktuelles/?aktuelles_id=192595; Zugriff 03.01.2011

O. A.: Corporate Social Responsibility, http://wirtschaftslexikon.gabler.de/Definition/corporate-social-responsibility.html; Zugriff 04.01.2011

O. A.: CSR-Norm ISO 26000 in diesem Jahr auf der Zielgeraden, http://csr-news.net/main/2010/01/07/csr-norm-iso-26000-in-diesem-jahr-auf-der-zielgeraden/; Zugriff 01.01.2011

Literaturverzeichnis

O.   A.:   ISO   26000   –   Social   resposibility,
http://www.iso.org/iso/iso_catalogue/management_and_leadership_standards/social
_responsibility/sr_discovering_iso26000.htm; Zugriff 03.01.2011

O.   A.:   ISO   26000   –   weltweite   Zustimmung,
http://www.imug.de/index2.php?option=com_content&do_pdf=1&id=3;   Zugriff
12.01.2011

O.   A.:   ISO   26000   auf   einen   Blick,
http://www.vzbv.de/mediapics/iso_26000_im_berblick.pdf; Zugriff 09.01.2011

O.   A.:   ISO   26000   geht   an   den   Start,
http://www.nachhaltigwirtschaften.net/scripts/basics/eco-
world/wirtschaft/basics.prg?session=42f941b04ccffd7b_33855&a_no=3858;   Zugriff
01.01.2011

O. A.: KPMG in Deutschland motiviert mehr als 900 Mitarbeiter zu freiwilligem gesell-
schaftli-chem   Engagement,   http://csr-news.net/main/2009/10/05/kpmg-in-
deutschland-motiviert-mehr-als-900-mitarbeiter-zu-freiwilligem-gesellschaftlichem-
engagement/; Zugriff 03.01.2011

O.   A.:   Kreditversicherer   vor   der   Pleite,
http://www.focus.de/finanzen/news/unternehmen/us-immobilienkrise-
kreditversicherer-vor-der-pleite_aid_567747.html; Zugriff 12.12.2010

O.   A.:   Nachhaltigkeit: Für   ein   Unternehmen   ein   doppelter   Gewinn,
http://www.kpmg.de/Themen/14446.htm?WT.srch=1; zugriff 03.01.2011

O.   A.:   Neuer   CSR-Leitfaden   von   ISO   umstritten,
http://www.umweltdialog.de/umweltdialog/csr_news/2010-03-
18_Neuer_CSR_Leitfaden_von_ISO_umstritten.php; Zugriff: 03.01.2011

O.   A.:   Pegelstand   der   wichtigsten   konjunkturellen   Frühindikatoren,
http://www.wiwo.de/politik-weltwirtschaft/pegelstand-der-wichtigsten-konjunkturellen-
fruehindikatoren-387605/; Zugriff 23.12.2010

O. A.: SAP EHS Management – Implement your environment, health, and safety strategies,   http://www.sap.com/solutions/business-
suite/erp/corporate_services/ehs/index.epx; Zugriff 01.01.2011

O. A.: Smart Grid City, http://smartgridcity.xcelenergy.com/; Zugriff 20.12.2010

O.   A.:   Was   passiert   bei   einer   Leitzinssenkung?
http://www.tagesschau.de/wirtschaft/leitzins16.html; Zugriff 12.12.2010

O.   A.:   Weltbevölkerungsuhr,   http://www.weltbevoelkerung.de/info-
service/weltbevoelkerungsuhr.php?navid=3; Zugriff 13.12.2010

Oberhofer   P.:   Norm   standardisiert   Corporate   Social   Responsibility,
http://www.business-wissen.de/unternehmensfuehrung/iso-26000-norm-
standardisiert-corporate-social-responsibility/; Zugriff 12.01.2011

Prof.   Dr.   H.   Krcmar: Vorlesung: Grundlagen   der   Wirtschaftsinformatik,
http://www.sysedv.tu-berlin.de/intranet/kc-
kb.nsf/26e1753f5497bb0cc12569a50048ee1a/4F92361183795F29C1256CD300390
60D/$File/EUS+-+EIS+-+DataWareHouse.pdf?OpenElement; Zugriff 12.12.2010

Rey, U.: Forschungsbericht FZKA-BWPLUS – Internet-Katalog betrieblicher Umweltinformationssysteme, http://bwplus.fzk.de/berichte/SBer/BWA20015SBer.pdf

Sartor   R.:   Von   der   Finanzmarkt-   zur   Wirtschaftskrise?,
http://www.tagesschau.de/wirtschaft/finanzmarktkrise152.html; Zugriff 12.12.2010